estratégias para cavalgar a solidão
& outros monstros

eduardo valmobida

cacha
lote

*estratégias para cavalgar a solidão
& outros monstros*

eduardo valmobida

estas lorotas
foram compostas
à sombra
de Lakṣmī
   descomunal.

Derramar um
cântaro

um canto
deixar fluir
o novíssimo
encanto.

Orides Fontela, O aguadeiro

PREÂMBULO DA TENTAÇÃO

o que parecia vasto, o descampado de mais verde idílio, sonho bom e esperançoso, revelou sua simbologia ordinária: atoleiro onde o lótus não desabrocha, flecha cravada na noite mais escura da cardíaca rocha: eram líquens e lesmas lentíssimas ladainhas lorotas e outras ausências com a mesma consoante: meu ouvido todo plural. o que chamei fogueira a acalentar a escuridão na boca chamuscou seu céu, rasgando a menor estatura do raio: ele por ele mesmo, o sêmen dos sintomas. intacto, só o silêncio. os braços quentes endureceram os prados que o tal centauro desvenda sozinho; nas asas da águia, um espírito sussurrando socorro enquanto era carregado ao paraíso. tendo a lua o casco já gasto, o ascendente de ferrão nefasto e, pelo sol, o desejo intensificado a beber em comunhão, meu cântaro rachou —não foi angústia, não, como se poderia pensar de um mal investimento nas poupanças do amor. eis que, pela rachadura, começou a vazar um tom de voz azul sobre a minha face, me afogando mágoas no arraste à praia, peixes de escama prateada reduzindo o sol ao seu opúsculo. ali, banhado pelo que era frio e pelo que das ondas era apenas som, na pedra da loucura já erodida, li um nome que não era o meu e dele quis me apossar, mas o espírito me proibiu de pronunciar esse óbvio segredo. disse-me apenas: vai. reduziu-me à catarse e ao cataclismo. afinal, quando não vem a chuva, o que sobra do afeto? sobra secura sobre secura. na sombra, não se distingue a face do futuro nem a solidão, um alívio temporário, como qualquer sonho. então, perambulei por territórios menos férteis. o olho incauto fechei, mergulhei toda a minha urgência em uma poça à beira da estrada no caminho da sagração e, sentado sob uma árvore, esperei pacientemente o tempo se justificar. os meses se passaram: nada. os dias foram contados às pétalas que despencavam do jasmineiro. as mangas apodreceram no pé. o corpo enregelado nem reclamava vida para si, mas continuava pulsando. era só o que sabia. e veio a chuva o pânico o desejo. visitado pela saudade, deixei que os cachorros da rua lambessem minha ferida crua até que o líquido que escorria da fissura mais escura fermentou e com ele pude servir amizades e divindades. todas gozaram, mas continuei vazando uma espécie de medo que não tem nome nem rosto próprio. exausto de mim, o furor esvaído, esqueci-me do vento e do mar, a pedra ficou para trás. escondi-me do silêncio e à malcriação do meu peito decidi contar uma parábola em frangalhos, uma fábula de personagens ausentes, uma hipótese sobre amar: o meu ofício? piscar os olhos e contar: meras lorotas. este é o resumo do que pude, em uma noite sem lua, meu cântaro já vazio, aventar:

ESCUTAR O RUGIDO DA NOITE	13
MATAR A SEDE	21
FALAR COM DEUS	27
ORAÇÃO PARA APRENDER A NADAR	37
PACIÊNCIA PARA SE AFOGAR	47
MOLDAR UM CÂNTARO DE SEDUÇÃO	53
EXTRAIR O ELIXIR DAS NUVENS	61
CONTEMPLAR A CLEPSIDRA	71
ARRUINAR O BUSTO DE GELO	79
SACIAR A SALVAÇÃO	89
SERENIDADE	97

e tudo será uma tentativa
de embriagar, ao ponto do sono,
os olhos azuis dos monstros.

a solidão
não bebe nem um gole d'água.

ESCUTAR O RUGIDO DA NOITE

e corre o tigre pela noite
velocidade ônibus parte:
longe longe longe
        o suficiente
    o fôlego um átimo
    do subúrbio e de si
    em direção ao centro
    um pulmão agitado
    cantando seu rompante:

        vai

o sangue selvático na boca calada.

a inocência tigrina
engolida pelos hormônios demônios ululantes
    abraçada pela pele seca do desejo:
        um corpo um sorriso um copo d'algo
        menos esquivo que uma lágrima
            a potência do cru.

como ocorre a quem não tem gozo livre
    a casa o cárcere a carcereira

                  olha e diz: não
                  ouve e diz: não
                  sabe e diz: para tão longe: não
                  nesta noite: não:
                          "liga pro teu pai então"

foge fervilhando
sem quebras. as regras.
      listrado de azul royal
            azul de raiva
            azul do que se esquece sem perdão
replicando a história do mar em fúria
      como é natural a quem atravessa
            a nua noite
            a juventude
                    cultivada no peito pelado.

      na lábia malfalada do futuro:
            a sentença de danação.

    o tigre: é a sede
      é a descoberta
      é o suor
      é o perfume da noite e suas nuances:
      mais vasto que a grama cortada fresca
      que livro velho de sebo
      panquecas nas manhãs de sábado
      o suor adoçado do outro

      e no peito da língua a fome
          sem palavra de contestação.

porque não se poderia ouvir nada
sob o ruído do estômago o rugido do estômago
na palma do pé a eletrostática da promessa
      uma energia não gasta, uma ânsia trovoada
      um novo-de-si
      que ganha nome e diz "eu"
      como o fez o primeiro grande animal
      no princípio
      antes de se perder.

do que é tigre
o mais urgente é estar colado no quieto:
      sentar-se onde houver lugar
      e no profundo mais denso
      encontrar um tropeço de membros
          pela rua
      uma palavra ecoando no asfalto:
          vai
          vai   *vai*
          vai   *vai*   *vai*
          vai   *vai*   *vai*
      o fôlego carcomendo o calcanhar
      o frio nos braços roçando a brisa da noite
      os cílios dançando ao som de algum diabo

o sangue pulsando sob a pele pelada de barba.
      nessa idade é assim que deve ser

o tigre dentro, um mar revolto
como é comum a poetisas aguadeiros mentiras
foge
atravessa o subúrbio se achega ao centro
traça as pernas pelo escuro
até se banhar em luz fosforescente
onde templo e boteco
    batem portas e bebem lado a lado
    do vinho sagrado e dos passantes
    comungando conjugando
    santas e putos em sua pureza:
    encruzilhada   no caminho do gozo
        e da salvação.

o que há de ser
a partir daqui?

e do pouco fôlego trocado
pureza e pó: o peso da decisão
o jovem tigre estaca à dúvida

e então os céus se abrem e vem deles o anjo da dor e do mal seu corpo ungido de asas milhões incontáveis asas produzindo todo o vento do mundo toda brisa inspiração e olhos milhões incontroláveis que dão forma a tudo prevendo o futuro concebendo como seu aquilo que foi visto aquilo que foi abarcado carregado na maré da compreensão e, voz única, sussurra diz

se exalta perfumando a noite de berros atravessa a atmosfera do possível
provável, pronuncia de si a verdade: o som:

> *aqui, qual será tua escolha?*
> *aqui agora, é teu futuro em jogo*
> *aqui agora já, por qual porta vais entrar?*
> *aqui agora instantaneamente,*
> *serás profeta*
> *ou poeta?*
> *tomarás assento no meu templo*
> *retornarás ao teu cárcere seguro*
> *ou seguirás o caminho dos pobres diabos*
> *que viram*
> *os morangos mofados*
> *a maçã no escuro*
> *as grandezas do ínfimo*
> *a oferenda lírica*
> *o masnavi*
> *o tecelão*
> *o antipássaro?*

> *há silêncio bastante para o teu silêncio?*

—de tal horror angelical, só se dirá isto: mentiu—

então, escondendo-se num canto da subida da avenida   perto do consultório da psicóloga   perto da cafeteria e seu café amargo com amaretto   perto do antigo escritório do pai ainda não partido   perto do cemitério destino

descendo uma esquina tornando uma descida
        chega ao muro largo e se assenta em uma altura
        perfeitamente suficiente para ver lá embaixo:
                a noite a cidade os carros promovendo
o eco
            da passagem passando pelo asfalto
            até alcançarem, também eles,
a perdição.

tinta azul na caderneta preta
saca de si palavras e um ganido grave
atira contra a folha o vazio e atinge
com as tonalidades do sonho e da fúria
da sede de um tigre.
        e no papel fica a ferida:

        a primeira partilha da vida com o vento
        uma fagulha interna inominada
        terra sem forma e vazia
        como tudo o mais até então, indomável:
        cheia de tesão
        cativo tolhido atado
        um impulso de rasgar
                ao som de uma voz
                ao pé do ouvido
                algo menos esquivo
                que um piscar de olhos
                ou a fantasia de um amor perdido.

e, do tigre, a escolha
fumar um primeiro cigarro
        sacrifício duradouro
        pacto com o íntimo demônio:
escrever o primeiro verso
        dar nome invocar a deus.

atravessando sua prova de morte,
o fogo da purificação, *agnipraveśam*,
o jovem tigre azul royal
        cor de caneta no papel
prova ao divino
        ao futuro amado
que o sagrado
está em qualquer palavra
desde que a intenção
seja sempre
a poesia:

                abrir a jaula
                  : : :
                   : :
                    :
                    .
            que segure o tigre
       quem não tem amor pela própria mão.

MATAR A SEDE

neste temporal de pesadelos,
me arranjo em teu leito,
mal dormido mal sonhado
teu suspirar profundo
aos ouvidos deleite e salto:
mau agouro.

teu corpo quente na cama
brutaliza meu frio sanguíneo
perfuma a pele monstruosa.

em pleno deserto
te digo:

guardarei teu toque em segredo.

mas do teu nome
em minha boca
aguardo a explosão.

amanso-o
adestro
um cão faminto
uma saudade:

quando digo: *tu*
é fugindo da ardência
das tuas lúcidas vogais.

da nossa tinta e dos abraços,
apenas uma impressão de que.
do teu riso abrasivo
sobra secura sobre secura
e nenhuma sombra.

evaporo no mundo
exímio caçador de nadas e sinais
não tenho silhueta própria
só casca abstrata e o rasgo da boca.
por trás dos olhos nada se disfarça
nesta minha face reclamada
todas as manhãs.

quando foi que
ouvi tua voz: chamado
a me levantar e lustrar o ócio,
me besuntando da doçura do teu olhar?

em qual cavernosa pessoa agora ecoa
teu tranquilo abre-te sésamo?
em quem ressoa teu segredo sussurrado,
teu pecado passional?

com os lábios já não abraço tuas vogais
e a língua lambe lamentosa
tua letra principal.

e, por essa desilusão,
me rendo ao chão
que não escorre sob meus pés
sem esperança de voltar.
não como teu nome
se contorcendo na minha língua,
fera brava estrela guia ladainha,
que só passa

destas palavras me desfaço
com cuidado, cerâmica fina,
antes que se tornem cascalho asfalto brita.

desperdiço minha saliva
cultivo a sede
terra infértil ao silêncio
como nunca, amado.

tua boca oásis se abre em miragem,
mas no profundo dia claro
meu anseio solapa tua visagem
e do teu esgar
não resta um crânio seco.

o sonho do teu nome
sumarento e luminoso
hoje morre duro na minha boca dura.

o medo do teu nome
que me rebentava à margem do ardor
hoje
mistura linfa, leite e lágrima
em alquimia pura.
de filosofal, só a pedra da loucura.

no invisível limite
a ti invoco uma última vez
te faço um convite ingênuo
entorno no mundo este encantamento:

vem

e porque me foi dada a palavra,
de surpresa   tu   aqui,
sem nenhum consentimento.

me projeto em teu universo
reinvento teu tronco largo, tua boca.
sou comido pelos teus olhos
recolhido pelos teus ouvidos
e tu acreditas na minha boa mentira:

o instante do berro já passou.

tricoto quimeras
minha boca seca dura
procura o som da tua voz
teu nome júbilo
tua consoante líquida
alegria tímida que escorre pelo meu corpo.

te lanço ao papel e,
lambendo minha própria vogal,
chupando o caroço desta manga,
do meu néctar vital
dou de beber à deus à dor
ao alívio íntimo
de perceber, enfim,
que sentir a sede
também é fonte de prazer
e redenção,

tal qual a boca proibida
de derramar no mundo o nome amado,
recitando o texto sagrado
encontra o homônimo: luminoso.
e, sacrificando o vazio,
seu verso silencioso
é uma invocação
colossal.

vem.

        não tenho medo de te ver.
mesmo sem um vislumbre da tua pupila
      ou da tua sombra notícia,
   hoje o eco da tua voz me bastaria:
vem.

          vem.

como te seduzir ao leito da mente?
como te trazer de volta à vida em mim?
   o que teria eu a provocar ofertar oferecer prometer jurar rezar recitar
teus mantras teus nomes teus segredos
   qual incenso qual vela qual lágrima te chamaria a atenção
   te faria clamar por mim e por ti
   na voracidade leviana de um corpo por outro
   como te invocar
   trazer tua face escura à baila da vela
   do tempo, convidar tua ausência robusta
   a marcar presença nos meus salões de silêncio
   penetrar meu corpo sonho cosmo
        essa urgência que,
          porque não me resta alternativa,
        chamo:

seria apenas uma claridade qualquer se,
por um resquício atômico de memória,
tu não tivesses habitado a vastidão da minha pele através dos séculos e,
talvez por amor, te entediado de mim
    ou de ti.

o que poderia eu te dar
além deste corpo
com nome esqueleto vestes
    epiderme eriçada em extática dança,
    em meditação abissal e luz
        muita luz
    submersa no útero da dúvida
    como um choro escondido no escuro?

senão com língua e boca,
como te açular à palavra?

o que posso, sem medo, ofereço:
    o cru do peito
carregado da memória do afago de outro
    de sede e suor.

uma língua encrustada
    do sebo branco da ladainha.
na boca fétida um amargor
    muco primevo não o doce gozo.

    de mim,   um vazio menos desafinado.

e porque coube na minha boca uma língua
fui o úmido móvel dançante quente
e produzi sons e roubei um eco do mundo.
fui o puro ardor das dunas.
tramei minhas estrelas à mentira noturna
atravessando o pó da pedra
engoli o átomo primordial
que me provocou tempestades de copo d'água
e à minha existência devastou.

fingindo ser amor,
me atirou ao sumo da lama.
do corpo da mãe de vestes anil
me trouxe aqui
      a este ponto

      sem nenhum consentimento.

e tendo aprendido
o segredo do azul da pérsia
a feitiçaria dos signos linguísticos
a linguagem das nuvens
a retórica do *kāmasūtra*:

ah
seria tão fácil te trazer a mim,
te dizer:

vem

e te esperar sentado em lótus
    pernas cruzadas braços abertos
    talvez um pouco corcunda
        ninguém diria ereto
    um pouco desconfortável
        ninguém diria calmo
mas esperar pacientemente
    até que venhas espocar
        teus lábios
        nas minhas palavras
    até que descubras
        meus olhos
        enterrados em meditação.
    até que te esqueças
        de tuas falhas e anseios.
    e eu possa, enfim, criar,
        para tua diversão,
    outros matizes da existência,
        enriquecer tua dramaturgia.

se não eu a te chamar,
qual seria o teu lugar no mundo?

se não são mais necessárias catedrais ou templos
se o santo foi calado
se te entronaram numa montanha
     e à escalada nomearam pecado
se ao divino o acesso foi revelado:
     um livro   um punhado de sal
se na cantiga e no escarro teu nome toma forma
se na herança do escapulário *japamālā* te cravaram:
     vento e chuva e raio
se na mente rasuraram teu símbolo auspicioso,
na pedra da loucura, enfim, entalharam teu nome
     e a deixaram erodir pelo silêncio.

agora que ouves este chamado, saiba:
     é uma oferta de espírito:
     amplos vazios para habitar
     e uma boca que, nebulosa, se abre,
     à tua voz trovão deixando passar.

minha estratégia para cavalgar tua ausência
é me entregar ao ar como se recita um *mantra*,
condensar a mais esperançosa lorota: *vem*

                                  e te espero vir
                                como ao amado
                                      ao gozo
                            à maldição da morte
                    ou à carícia íntima da solidão

Alma da minh'alma da alma de uma centena de universos,
seja água nesse rio-instante, para que jasmins
alcancem a borda, e alguém lá longe
note as flores-cor e saiba
há água aqui.

Rumi, A Linha Longa

meu convite úmido:

Amado,
te basta tua respiração.

mas, veja bem,
        a cisterna dos meus olhos
                devastada de cloro
                tensa de tentação
        que é de mim o mais puro
        porque conhece o próprio fundo,
        solta meu corpo em oferenda:
                de ti também, só isso quero.

adentra este meu denso,
        mas não tenhas medo de engasgar:
                não te quero aos solavancos,
                mas um mínimo agridoce
                ficará na tua boca.
        por alquimia
        nossa troca
        é líquido específico:
                passível de explosão.

confia na mão que te estendo:
                não te dou apoio
                nem puxo para o fundo.
                mas aqui comigo agora
                o mergulho é indolor:
desta piscina, o horizonte é a ponta do pé.
                do deleite fresco, podes crer:
                água alguma tem mais calmaria
                quanto essa que te ofereço.

é importante a técnica
presta atenção ao que te digo,
      mais que isso, ouve o que te é instintivo:
      não quero que te afogues nem te afobes.
      instrução alguma te salvará
      quando o frescor lamber a tua pele
      e teu corpo for envelopado
            pelo que é úmido mínimo
      deixa que afunde.
            este não é um oceano a ser desafiado.

se estiveres duvidoso,
dou-te consolo:
            como qualquer afeto,
            flutuar é simples e puramente
            questão de ritmo:
            um bailar entre a entrega
            e a cabeça erguida.
      no meu corpo líquido
            é teu mergulho que causa rebuliço.

esta é minha convocação ansiosa:
      vem comigo à transparência,
            preenchendo de vazio o espírito,
            enfiando n'água teu corpo-rio,
            e no fluir do meu delta
            acorrentando à correnteza.

no peito da pedra no pé do chão
        o invólucro de pastilhas
        o índigo da cerâmica
        o nu desta piscina
        é tentadora contenção.
só isso te ofereço:
        minhas bordas erodidas
        e a água que me escapa
        por pura compaixão.

—sem mesmo falar de amor—
        confiar te será necessário
        porque mesmo em dia ensolarado,
        a cãibra pode se agarrar ao teu calcanhar
        e minha volátil atenção
        não te será de grande ajuda,
            ocupada como sempre está
            em medir o reflexo e a refração.
        do mais superficial,
        para que não te abata
        nem uma branda angústia
        toma meu corpo em tuas mãos:
            agarra-te a mim
            em caso de pânico.
        ou se o cansaço te assolar
            e por pudor
            não pedires socorro:

        deixa a água te engolir.
        afundar não mata e, sem ar,
        encontrarás o fundo apoio
        —a salvação submersa—
        e, na autonomia da tua subida,
        traz a ti mesmo de volta à vida
            com uma lufada de ar.
        assim exato sobrevivi até agora
            ao teu olhar e à tentação.

todo processo é susto,
    mas depois verás
que qualquer água
        mesmo uma poça na calçada
é mais profunda que o meu beijo.
do meu chamado não precisas ter medo.

        nem na minha saliva
        tu poderias te afogar.

neste universo fresco
        fora do tempo fora da urgência
        de estar em outro lugar:
        só tu e eu existimos.
por algumas horas o telefone não será atendido, mensagens serão
encargo do futuro, as palavras ficarão guardadas para a lua e para o
leito quando começar a esfriar.
        —ninguém sabe ainda—

        agora agora e mais agora
                não há músculo tenso
                mais brusco ou denso que o nosso
                    enlace: milagre, não há

deixa que teu corpo se desfaça
entre o beijo e a desgraça
entre as ondulações amarrotadas
da tua cama e da minha água derramada.

            afundar só é fácil aos iniciados:
            até os desavisados
            têm corpos flutuantes.

Amado,
        aprendida a oração,
            é primitivo:
            o corpo se entregará à água.

    brincar na água é brincar com as palavras no pé do ouvido: é teu
esse jogo:
                quando quiser que pare,
                eu paro obedeço: mas até lá:
puxo: empurro: puxo: empurro: puxo empurro: tiro enfio
urro; repito e volto: porque já conheço seu ponto-fraco.

puros de solidão
nos perderemos juntos

    num momento leitoso
            de deleite horror e gozo,
    mas, acima de tudo, atravessaremos
    por um instante do fluxo nós, nós dois, surrupiadores
            da infâmia e da deus,
                usurparemos
                o direito ao riso.

nossos corpos imersos em suor,
meus olhos te darão firmeza:
        será minha a voz:
                relaxe: relaxe
                fique tranquilo:
                um corpo relaxado   flutua
                um corpo tenso   afunda
                no mais desamado abismo.

assim,
Amado,
        minhas mãos sob teu corpo
        agarradas ao teu corpo:
te oferecem esperança —nada mais:
                respira: é a ânsia
                a única que nos pode afogar.
        a cabeça para trás:
                é a postura da coluna
                que te manterá superficial:
a cervical comprimida,

                    assim como quando gozas:
            se botares a cabeça para frente,
                    olhares muito para os pés,
                    te perderás disto: isto:
                        o ar. o nós.

se encrespado for teu lábio,
se teu pavor for mais intenso,
                    terra por outro devastada,
se minhas palavras não bastarem,
                    silêncios menos agudos,
se meus braços te parecerem bambos,
                    bambus à sombra do vento,
se minha alma te parecer fétida,
                    intransponível manguezal,
se meus olhos rebrilharem rasos
                    no asfalto, espelhos azuis de chuva:

        é tua a liberdade de escolher a secura.
        dos dias, não te forço:
        podes cultivar teu peito deserto.

se não quiseres isto: isto nós:
            o movimento é simples.

                a toalha está pendurada
                no lugar de sempre.

mas,
Amado,
se por algum acaso alguma jura
     algum resquício de tentação
          restar na fibra mais esturricada
          do teu coração   uma dúvida:
te ensinarei a abrir os braços e as pernas,
te ensinarei o movimento próximo:
          a entrega ao que é insólito
          que no calor evapora
          e se amontoa em monção,
          retornando sempre a este estado
          condensado em sua própria fruição.

na antologia da nossa distância, isso que te digo estaria próximo de amor,
não fosse tanta calma e contenção:

basta tencionar

PACIÊNCIA PARA SE AFOGAR

respiro porque será teu o fôlego a me guiar nestas
águas:
        quando do meu apoio tu tirares as
mãos
        não me espantarei.
        não direi: "não
                não tira ainda":

    por enquanto,
        estarei relaxado: tranquilo:
        confiando em ti.

entrando na água,
me provas a profundidade,
a sustentação que o chão ainda dá à sola do pé
e à tua oscilação, me provas também tua
inexperiência

me mostras um muito pequeno passo:
o frescor do desconhecido, quase uma primavera:
os arrepios, os mesmos amores:
            o poder, a ausência de medo.

me entregas a verdade do teu corpo como ele é:
pele pelo carne gordura músculo osso:
passível de afundar.

mas quem não afundaria contigo?

do que moldas a partir da terra, só saberei do que quiseres mostrar:
não é minha a língua que racha o doce esmalte da delicadeza:
mantenho-o intacto, aprecio dele a calma do ceramista.

do teu passeio no mundo, só saberei daquilo que participa comigo:
não é meu o teu paradeiro: nem a saliva do teu desfruto:
teu corpo toma o próprio rumo, suave e sem ruído.

dos teus atravessamentos, só saberei dos desaforos e das alegrias:
os entremeios líquidos não me cabem: muito menos o teu sonho:
tuas são as horas que ondulam na inocência no silêncio e no torno.

do teu molde de afetos só vejo o resultado:
o ato feito queimado duro:
propício a partilhar do chá do pão do leite e das carícias
no escuro.

do teu gozo, só quero o segredo.
do não-saber e do nado,
que eu reconheça nosso maior inimigo:
      a corredeira do tempo
      e o mais perfeito
      azul-marinho.

mas esta piscina tem teus limites:
      a água dela não se esvai
      não transborda
      nem se perde noite adentro.
      a água dela não é para ser navegada
      não afoga
      nem se levanta em maremoto.

            quando as algas e o limo a ela esverdearem
            quando, descuidada, as folhas lhe cobrirem a superfície
            quando as rãs nela vierem desovar
            quando a serpente, já ciente do bem e do mal, aqui vier matar a sede
            quando teu corpo dolorido se cansar de nadar
      tu, com certeza, sobreviverás.

mas, para mim,
uma única gota tua
      já não dá pé,
      tanto menos te amar.

para mim, a escolha
simples seca dura,
      é sair corrido da piscina
      ou me afogar.

50   por via das dúvidas,
                me ensine
                como se faz
                    respiração
                        boca a boca:

MOLDAR UM CÂNTARO DE SEDUÇÃO

à sombra dele não foi dado o direito de dizer:
>*nossos corpos se encaixam*
>*tuas pernas entre as minhas*
>*teu dorso perfeito ao meu tronco*
>*minhas mãos, do tamanho propício a emoldurar as tuas*
>*teu pescoço minha boca*
>*nossos olhos em melindrosa oposição*
>*os teus meus, azul céu,*
>*os meus teus, cedro*
>>*convidando à danação.*

leviano, digo dele. no cansaço e no osso, seu calor torna meu azul mais denso. seu corpo chega a mim como se deve achegar ao túmulo de um santo: sereno no temor e ansioso no que arde. sua voz, em sussurro solene, me aprofunda no meio da tarde e toda rima que rompe o segredo do nosso alento nos retira do leito arrasta ao abismo lança ao arrepio lento que brota do reflexo da sua face no horizonte do meu olho.

o meu amado é
>o silêncio
>e o que sobra de um terremoto.

na intimidade das minhas entranhas,
uma rachadura bem escura
ainda sem nome.

mas não o quero agora: é na urgência e no susto
que o arrepio atravessa o tempo e faz do medo gozo.
a presença dele é terracota girando no torno,
delírio que em mim encontrou forma.

nos seus dedos minha crueza encontrará apoio
repouso e promessa
—à crueldade, não daremos espaço.

ele me carregará nos braços
forte grave, me carregará nos braços
eu, aquário   cântaro   barro
ele, moldando pacientemente
    à sua imagem e semelhança
    a tentação.

mas nunca haverá fusão:
a pele dele é grossa
e o úmido de mim evapora no seu calor.
ele enfincará sua língua no céu da minha boca e dela o sol rachado no crânio
chamuscará a última lasca. cederei como é o destino de todos os limites.

aos cacos não daremos nome, porque com eles não se pode servir água
no entardecer seco do nosso encontro.

desejo muito a sua sombra: sob ela me assentarei, e aguardarei dos seus
frutos a madurez e o perfume.
quando abocanhá-los, pensarei só nele, milagre à minha carne, orvalho
de sonho aos meus pesadelos.

o meu amado é
     mais urgente que um oásis.
     à minha sede, só ele basta.

da penumbra serena ainda não sabemos.
esperamos o desabrochar do sol no sétimo dia
que tornará o frio da cama refresco
     e dos corpos corpo
     dele e meu   nosso
     delineando a sombra de deus.

não haverá noite escura entre nossos pelos
     porque do breu de mim ele beberá
     e da sua leitosa alegria meu corpo se fará luz.

já extasiados de calor,
seu suor meu suor,
ele será da solidão o meu refúgio
e, da plenitude,
meu mais desprezível fervor.

os lábios dele são de esmalte trincado.
na gruta da sua face o eco é um convite silente.
    é minha a terra e dele a semente.
    é dele a lâmina ausente entre a pele e o lençol.
    é minha a tinta que entorna seu segredo no papel.

quando ele chegar
serei todo arrepio e batimento
macerando os estilhaços do que outrora foi solitário.
e de toda tensão que sobrevive em mim
    restará só
        pureza
        e pó.

o meu amado é
    o mais intenso azul cobalto.
        dele o céu se desfaz por impureza
        dele a vil aleluia penetra o meu corpo
        dele a maior altura da nuvem é o raio.

        quando ele vem,
            da escuridão
            nem sombra de dúvida
                perdura.

Quando o silêncio for uma íntima confissão de amor
quem estará ao meu lado?

Miriam Alves, Interrogatório

EXTRAIR O ELIXIR DAS NUVENS

nós
não encontramos
      através de todas as agonias e anos
      nem no mais profundo dos oceanos
algo similar

despedaçamos as horas
      atravessamos os dias largos
      as noites de lua estiveram em nossas mãos
ansiosos para ensinar   um ao outro:
      o prazer de molhar uma boca seca
      à carne, as alquimias do nosso suor
      de um resquício de autocontrole
          o toque o sabor.
      e nada restou no lugar.

entretidos em entrelaçar nossas pernas
      não vimos as nuvens se agruparem
      nem o sol se pôr
nossos corpos fogueira aqueciam a cama
      chamuscavam os lençóis
      amassavam os gemidos em folhas de caderno em que se inscreveram
poemas com a tinta da tolice e fizeram um talho na missiva: te quero
agora: vem.

abocanhamos um do outro o mais secreto
    que é o nome por trás da língua
    içado do fundo da garganta
        porque era necessário, então,
        sussurrar uma verdade:
            você
            eu
            aleluia
e rir depois.

    talvez só o riso perfurasse o silêncio da mata
    e nem os cães ouviriam as mentiras atravessadas
    ave alguma se dignaria a chilrear no escuro
    as árvores, escandalizadas em seu pudor, chacoalhavam seus galhos
rasgando a bruma da noite.

nós
promessas ausentes
    transeuntes piratas amantes
não teríamos como nomear
    ao que foi malvisto maldito
e entre os instantâneos que as estrelas tiravam de nós, nus de incerteza
sem a menor vergonha, dissemos:

                vai

    e fomos. num ritmo nada frenético nada urgente.
    almejando um do outro uma fagulha urrada
    a penetrar o universo cerúleo.

sua flecha atravessava o cântaro de memórias,
restando só os cacos de nomes que residiam no
desejo. distribuídas pelo esquecimento suas mãos
moldavam de mim algo muito maior que um cálice
a servir néctar e perfeição, da *amrita* um gole
diminuto bastava:

    era a ânsia e o anseio
    era o desejo e o medo da separação.

    porque a mim dava agonia
    nomeei: paixão.

do barro tirado do chão da mesma jura que se agarra aos pés, fez um leito, seu corpo se ajeitou por entre as dobras grossas de algodão e, a cabeça repousada em uma das mãos, contentou-se em me ouvir balbuciando a ladainha incompreensível dos sonhos:

    delirando, no mais denso do cansaço, no mais suave do pensamento, meus olhos vagaram por entre as nuvens em busca dos seus lábios, atentos ouvidos a qualquer prenúncio da sua voz trovão, as profecias todas esquecidas no vapor do dia, seu ardor libertado do ríspido asfalto, a terra era sem forma e fria, só as ervas do jardim sabiam a cura para a paixão mas as lesmas as devoravam os pulgões se embriagaram de seiva veneno ou fruto, e não sobrou nada para fazermos chá além do espanto.

e por ordem divina cultivamos a árvore do conhecimento do mal e nos refestelamos de seus pomos maduros polpudos melosos diós-piros, nossos lábios, na mais perfeita sincronia, mergulhavam no escuro atravessavam o céu da ignorância transgrediam deus e tudo o mais que ela impunha à rigidez dos nossos corpos.

sonhar era isso: alcançar você em um mar de sons e vistas e nuvens, pairar sobre seu corpo na corrente de ar mais proibida, respirar como em vigília. sonhar era fazer de você meu olho de furacão.

e não seríamos tolos de acreditar que a ventania sopraria os navios na direção correta, as velas içadas não teriam força para se agarrarem às braçadas que o vento dava, a monção se deslindava e a chuva era a glória para a terra esturricada do meu corpo, mas porque seu sorriso nebuloso sempre se dissipa, o sol vinha e ressecava tudo de novo.

e no transladar do tempo o vapor se adensava e descia por sobre a mata e o continente perdia continuação, não dava para ver ao longe paisagem, nem esperar nova chuva em tempo de seca quando os búfalos se perdiam da manada e os elefantes marchavam para longe: era o aqui era o agora, o que restava depois da sua passagem voltava a ser sede.

e nada poderia ser prazeroso de fato: sua ausência seria sentida e isso, já bem sabido, perfumaria tudo aquilo que tem valor nos entremeios dos nossos encontros.

querer você era saber que, ora e outra, sua ausência se faria seca dura rouca, e meu nome erodido na pedra da loucura seria esquecido pelos seus lábios também.

meu delírio era escuro sangue seco. sonhar era um modo de profetizar o retorno da solitude e da nostalgia. querer no mais onírico de mim era saber que, por dor por amor, as asas me enlevando fraquejariam —talvez tão cedo— antes que eu conseguisse pousar nas suas densidades.

e em queda bateu o desespero bateu o corpo contra as massas d'água evaporada fria fresca.

e em queda quase tentei fazer uma amarração para o seu amor. mas, talvez porque deus é toda secreta em seu azul, soube que se tentasse enlaçaria o diabo errado.

e em queda perdi a cabeça, procurei um pacto com o céu uma dádiva um augúrio a professar: *calma*.

e em queda eu teria vendido a alma para que você me tocasse mais uma vez.
        porque seu toque é fôlego e reforço

eu: ave rara glória aleluia
você: um delírio
    encontrado na noite mais escura.

     seu sorriso é prisão
     ou promessa?

e uma angústia:
     seu querer é meu corpo
     ou meu silêncio?

e a partilha dos instantes,
   isso a que estou chamando paixão,
é a partilha do gozo
   ou do urro pela própria potência de urrar?

marcada na pele das minhas orelhas,
mais irrevogável que o furo de um brinco,
sua voz a dizer "paixão".
e o horror
de ver que meu coração vacila
que não há o que você diga:
   agora
   agora de repente já
   sua palavra equivale: nunca mais

A vitória ambígua do tempo,
vencedor e coisa vencida,
cavaleiro e cavalgadura,
edifício e ruína:

onda e espuma.

Matheus Guménin Barreto, Itanhaém

CONTEMPLAR A CLEPSIDRA

hoje, o turquesa do paraíso desbotou.

na sala de estar um pouco de tudo
    se desfez sob o peso do ar
não houve promessa tampouco augúrio.
    só a esperança de que, de alguma forma,
ele voltasse:
    os pássaros se lembrassem
    de sussurrar meus segredos a deus.

hoje, os prédios tremelicaram de frio.

uma flor menor que o jasmim despetalou
não havia calor entre minhas mãos cruzadas em oração.
para a cidade se fazer desalento não foi preciso nem um empurrão.
as nuvens perpetraram com o vento a maior das calúnias:
dentro do meu peito a tempestade imperou solo
e o único som audível o coração: ecoava um rouco meloso violoncelo.

hoje, a cama não acordou. varou a noite em vigília.

as palavras ficaram presas no ar,
    urubus pairando
não pousaram na audição,
    porque a flama da raiva queimou toda carne
e não houve osso que matasse a fome
    de um corpo por outro.
o filhote de passarinho caiu do ninho e se espatifou:
    não morreu:
        agonizava sob nossos olhos.
        e nós, em perfeita estupefação.

hoje, a noite se enroscou no silêncio.

não houve toque, muito menos tentação,
o esverdear do azul o azular do verde:
      verde-azul turquesa deixaram de fazer confusão
e entre eles
só se poderia dizer: verde.

      azul.
      o precioso da pedra se perdeu no meu olho.
a pupila um prego, não uma reticência promessa de continuação: um estilhaço do não dito.

hoje, as mãos calejadas dele não modelaram meu corpo.

o barro frio secou em um torrão de terra e foi esmagado tornado pó.
da paixão os cacos se enfincaram na pele
      que inflamou de um vermelho tão intenso
          humilhando a pétala do hibisco.
descobrimos o verdadeiro matiz da tristeza que ultrapassava o escuro e
engolia todo tom de cor e de voz e vomitava aos nossos pés, só de raiva.

hoje, a casca do ovo quebrou antes de amadurecer o filhote.

nem um tucano se atreveria a botar no bico algo tão vil.
as árvores ao nosso redor se refestelaram no vento em dança frenética,
como se quisessem desencarnar para não presenciarem o fim do mundo.
foi um cataclismo do tamanho da minha boca.
foi um apocalipse muito menor do que a última lágrima que estourou.

hoje, nossas línguas não tocaram sua melodia.

suor, nem dele nem meu, brotará novamente.
lá fora uma garoa chata. lá fora um nunca mais
                fresca liberdade,
o desconhecido, quase a ausência de medo:
os arrepios, a desesperança:

                nada poderia ter outro nome.

ARRUINAR O BUSto DE GELO

agora,
vendo-o partir
o edifício das suas costas
seu hábito preto sob o sol
passos largos a pés compridos
não direi que será a falta a me engolir ou destroçar,
nem o sangue que em minhas veias esfriará.
para mim só a morte lenta
enquanto o observo carregando sua sombra notícia
para terras distantes banhadas pela neblina.
não.

direi:

o vinho está opaco.
    nenhum esforço das parreiras
    seria néctar suficiente aos meus beiços,
    a safra teve sossego na minha desistência.
    aos frutos poupou a intensidade violácea.
    ao sabor poupou a violência da doçura.

a terra já cansada
    manteve os nutrientes sob custódia,

à água não deu passagem
e se deixou fazer pó ao vento carregar,
como se estivesse de férias da sustentação.

hoje, bem hoje
eu precisava de um azul celeste
mas
o sol pediu às nuvens
que lhe dessem cobertura.
envergonhado por ter de iluminar
a distância duradoura entre nossos corpos,
se retirou a um canto menos caótico da iluminura.

o tempo todo foi noite porque a lua vacilante continuou confortável com a ausência do amante.

as nuvens, por empatia,
pintaram o dia com seus cinzas
e tão escuro o céu, que a estrela
se fez cantiga perdida no tempo,
convidando o relógio ao recolhimento,
o corpo ao esconderijo da cama fria.

a cama, por si,
prometeu sonhos demais.
o travesseiro ameaçou a umidade da lágrima.
o cobertor, inerte,
silenciou um segredo impossível,

       e a inquietação de não o saber
       foi minha punição.

            —dos sonhos,
            se é que sonhei com ele,
            não contarei.

                 mas derramarei o choro,
                 assim como a ganimedes
                 coube servir o néctar prazeroso:

este vinho é ácido demais.
     meus lábios, rachados duros
     misturam o sangue das chagas ao tinto
     e nem sei mais se o que bebo
     é fonte de dor ou prazer.
a água no frio
     se faz ríspida e
     rasga minha garganta
o pão,
     mesmo embebido em azeite,
     é o próprio sertão
     o queijo, veneno, o cigarro, putrefação.

meus pés descalços sujam o chão
     o vento ecoa lorotas nos meus ouvidos
     os carros passam, anúncios de acidentes
     as vozes que atravessam a rua
     profanam o silêncio tumular desta noite.

o verde das árvores, ofensa punível com a morte
   é a cara do carrasco.

      pelo escuro, penso: é por isso que não o vejo.
      pela cegueira, minto: ele está aqui, comigo.
      pela mentira, atravesso a solidão
      e me lanço ao abismo da memória:

pensar nele era dia eterno
pensar nele era vê-lo pela manhã, passando café, servindo-se do pão, me dando tempo para um cigarro, me dando espaço para um abraço.
o jardim floria,
o vento se contentava em ser só brisa
o frio se condensava apenas no congelador
   e jamais, por física ou magia,
   replicaria o busto dele
   no lado escuro da memória.
o sol era uma promessa de dedos cruzados
e —não como agora—,
despontava na neblina,
dando vida à floresta,
provocando os pássaros à canção,
fervilhando pedras
   sobre as quais os teiús queimavam
   suas barrigas frias,
os bugios contavam os minutos
   para unir seus berros à sinfonia,

    os jacus aguardavam pacientes
        pelas bananas lançadas à isca
        de sua negra beleza,
        seus olhos diabos vermelhos,
        sua presença símbolo de uma sintonia
        com a mata e de uma aceitação
            do próprio lugar no mundo
            da própria sombra no dia.

*   e se das paredes dele eu acreditei na proteção,*
*   se dos seus gestos eu vislumbrei uma promessa porvir,*
* se no seu sorriso eu me permiti mergulhar acreditando*
*   profundezas e krakens e pesadelos e paixão,*
*   se nas suas palavras acreditei desvendar um silente*
*   mistério: enganei a mim mesmo.*

no calor da sua cama, fui só brasa.
ao seu corpo, fui confusão e glória.
ao silêncio, servi do cântaro moldado
    pelas mãos dele
a mais deliciosa carícia.

mas
    jamais direi: sofro.
    jamais confessarei: sinto falta dele.
    jamais direi: quero que volte
        a qualquer custo.

porque o mais difícil do fim
    é que vem à tona
    todo descompasso escondido
porque o imaginado bonito
    prova somente
        o sabor da ilusão
    e, do vinho,
        o amargor já sabido
        amarra a boca.

    e, por compaixão, a deus
        me proibiu repetir
        seu nome limpo.

    então, sobre ele,
        nada mais pode ser dito.

Para os anjos a
água. Para nós
o vinho encarnado
sempre.

Orides Fontela, Bodas de Caná, IV

SACIAR A SALVAÇÃO

     a sensação do corpo purificado
     enfim permeia o dia e
     cruzo com o espelho eventual
     refinando sua eterna ladainha:

calma, corpomutação.

calma, linha onda dos ombros
  o movimento é simples e repetitivo
   —acariciar o rosto sem o beijo.

calma, coração susto ínfimo
  entre teus batimentos íntimos
  nunca te esquecerás do nome,
  mas pode ser que, eventual,
  um respingo da tua aquarela azul
  caia sobre a primeira *etra
    —por um segundo, antes da secura
    do sol e da sede,
    a cor seja mais intensa
    que a lembrança.

calma, mão irrequieta
    sem cabelo para enroscar
    entre teus dedos oscilantes.

calma, ouvido que busca no ruído
    a nota do nome proibido.
    na pronúncia grossa que a língua dele
    ondula no mundo —entregando ao ar
    a mística união da palavra e do som,
    como um feitiço de amor
    como qualquer solidão
        a ser cavalgada.

calma, pescoço terra esturricada
    a nuvem do teu corpo
    que derramou sobre ele outrora
    o doce orvalho da pele
    novamente promete:

de mim brotarão gramíneas e outras verdes verdades tão simples quanto uma margarida ou a folha lisa da espada-de-são-jorge. dos jasmins, não comentarei a ousadia. a seca lâmina da paciência tirará do ar a hidratação e, pela raiz que é minha guia, me nutrirá até que, já bem adubada e rica de magnésios, da minha vontade pueril possam brotar frutíferas e vinhas, as flores de uma couve ou, em última instância, ervas comestíveis mesmo que daninhas, fazendo deste corpo novamente alimento à fome de outro. e do sereno que torno seiva, eu possa, enfim, me saciar.

calma, angústia. para você não tem jeito mesmo.

—da culpa
nada há de ser dito, porque ela não há. ao que se perdeu, ordinário primitivo, a perdição era iminente. nem meu sonho seria tão tolo.

calma, pele quente lambida pela brisa
    o arrepio, sua carícia:
    levantar a poeira das pupilas,
    deixar de procurar no espelho
    uma explicação para a ausência,
    o que falta e o que excede,
    tentar delinear com os cílios
    um motivo para ele voltar ou
    para que outro nenhum nunca mais,
    me encontrando na encruzilhada,
    aceite meu despretensioso convite
    a caminhar um pouco mais...

olho na boca do espelho,
ouço-o mais uma vez dizendo:
calma, ele não volta.

    sofrer, agora, só pelo desnecessário.

enfim, elaborando a ausência,
abro espaço entre a porta do meu quarto e
a mortalha rasgada sobre meu corpo

que convidava o amante a abater o prazer,
mas que agora descansa
um sono sem sonhos.

a pureza daquele momento
em que penetrava   o som ao ouvido
                          a pele à pele
a possível explosão
ou uma mentira prometida
no fogo do fôlego se filtrou
        das cinzas e dos barros
        até que restasse apenas luz
                muita luz.

na lua cheia da lembrança
apenas o som do peito esmaecia
        soçobrando seu sussurro sedento
e do mais misterioso do corpo
        o arrepio leitoso lento:
                prenúncio e confissão
                pureza e pó.

e porque não havia mais nada
além do sangue etéreo
a perpetrar com a morte
o sacrifício daquilo que era
sacrossanto e uninuclear,
nada mais comum

que uma transgressão
se deu aos cachos da realidade
    um beijo mais doce
    que o fruto da serpente.

na correnteza
    da sombra na tintura
    da palavra no branco
    na humildade dos nossos corpos
foi cravado no segredo partilhado
o pacto mais demoníaco:
    não foi possível abandonar o livro
    sem conceber uma letra
    sem se atentar à textura do papel
    ou à presença do texto ali, aqui,
    pela ousadia tolice pecado de matar
    uma árvore uma paixão a sanidade.

uma tentativa de agarrar os monstros pelo cangote.
ensinar o diabo a fazer uma amarração para o amor.

só foi possível, realmente, deixá-lo ir:
cultivando a catarse da presença
expurgando a potência ao convite
sanando a saudade do que antes foi pura alegria
tão logo contraída entre o som e a grafia
deixando a originalidade de uma confissão:
—já não sendo mais segredo—

encontrando a cumplicidade no pecado
    de saber e comungar
    do fruto doce e da danação.

e no mais secreto de mim, compreender:
não era o amor nem o amado
apenas um desejo inapagável
de não ser incompreensível
no caminho da perdição.
de que alguém dissesse:
    sim: é isto: te quero te desejo.
        na estranheza sub-reptícia
        de, por compaixão, não ser ele
        a frase incompleta
        reduzida a um ponto-final
        entre a minha língua e a redenção.

a tentativa foi um sucesso:
encontrou o próprio perdão, diriam.
superou o próprio coração, mentiriam.

porque
    o amado,
agora constato:
    foi uma vírgula extra que decidi colocar no livro da vida —já não confundo mais nossa aventura com uma lorota da salvação—, e quando deus finalmente se decidir a lê-lo dirá:
    faltou bom-senso ou revisão,

SERENIDADE

ninguém está olhando.

e depois de todas as formas de tentação, o diabo inventou a solidão.

Lucas 4:13

CARA LEITORA, CARO LEITOR

A **Cachalote** é o selo de literatura brasileira do grupo **Aboio**.

Lemos, selecionamos e editamos com muito cuidado e carinho cada um dos livros do nosso catálogo, buscando respeitar e favorecer o trabalho dos autores, de um lado, e entregar a vocês, leitores, uma experiência literária instigante.

Nada disso, portanto, faria sentido sem a confiança que os leitores depositam no nosso trabalho. E é por isso que convidamos vocês a fazerem cada vez mais parte do nosso oceano!

Todas as apoiadoras e apoiadores das pré-vendas da **Cachalote**:

> — **têm o nome impresso nos agradecimentos dos livros;**
> — **recebem 10% de desconto para a próxima compra de qualquer título do grupo Aboio.**

Conheçam nossos livros e autores pelo site **aboio.com.br** e siga nossos perfis nas redes sociais. Teremos prazer em dividir com vocês todos nossos projetos e novidades e, é claro, ouvir suas impressões para sempre aprendermos como melhorar!

Embarque e nade com a gente.

Cada livro é um mergulho que precisa emergir.

APOIADORAS E APOIADORES

Agradecemos às **151 pessoas** que confiam e confiaram no trabalho feito pela equipe da **Cachalote**.
    Sem vocês, este livro não seria o mesmo.
    A todos os que escolheram mergulhar com a gente em busca de vozes diversas da literatura brasileira contemporânea, nosso abraço. E um convite: continuem acompanhando a **Cachalote** e conheçam nosso catálogo!

Adriane Figueira Batista
Alexander Hochiminh
Allan Gomes de Lorena
Amara Rodovalho
    Fernandes Moreira
Ana Luiza Bonametti Ferreira
André Balbo
André Costa Lucena
André Pimenta Mota
Andreas Chamorro
Andressa Anderson
Anthony Almeida
Anthony Tko
Antonio Pokrywiecki
Arthur Lungov
Bianca Monteiro Garcia

Caco Ishak
Caio Balaio
Caio Girão
Calebe Guerra
Camilo Gomide
Carla Guerson
Cecília Garcia
Cintia Brasileiro
Claudine Delgado
Cleber da Silva Luz
Conrado Carmven
Cristina Machado
Daniel Dago
Daniel Dourado
Daniel Giotti
Daniel Guinezi

Daniel Leite
Daniela Rosolen
Danilo Brandão
Davi Oliveira
Denise Lucena Cavalcante
Dheyne de Souza
Diogo Mizael
Douglas Mattos
Edmar Guirra
Edna Vieira
Eduardo Rosal
Elielton Ribeiro Rodrigues
Enzo Vignone
Fabio Franco
Fabio Pomponio Saldanha
Febraro de Oliveira
Flávia Braz
Flávio Ilha
Francesca Cricelli
Frederico da C. V. de Souza
Gabo dos livros
Gabriel Cruz Lima
Gabriel Ieker Guerzoni
Gabriel Stroka Ceballos
Gabriela Machado Scafuri
Gabriela Mantovani
Gabriele Rosa
Gael Rodrigues

Giselle Bohn
Guilherme Belopede
Guilherme da Silva Braga
Gustavo Bechtold
Henrique Emanuel
Henrique Lederman Barreto
Igor dos Santos Mota
Jadson Rocha
Jailton Moreira
Jefferson Dias
Jessica Ziegler de Andrade
Jheferson Neves
João Albano de Almeida Barros
Ribeiro Alves
João Luís Nogueira
Jorge Jungi Bannoki Junior
Júlia Gamarano
Júlia Vita
Juliana Costa Cunha
Juliana Slatiner
Juliana Vansan
Júlio César Bernardes Santos
Julio Soares
Laís Araruna de Aquino
Laura Redfern Navarro
Leitor Albino
Leonardo Pinto Silva
Leonardo Zeine

Lili Buarque
Lolita Beretta
Lorenzo Cavalcante
Lucas Ferreira
Lucas Lazzaretti
Lucas Verzola
Luciano Cavalcante Filho
Luciano Dutra
Luis Felipe Abreu
Luís Guilherme Rodrigues
    de Oliveira Hovadick
Luísa Machado
Luiz Gustavo Sobral Fernandes
Maíra Dal'Maz
Manoela Machado Scafuri
Marcela Roldão
Marco Bardelli
Marcos Vinícius Almeida
Marcos Vitor Prado de Góes
Maria F. V. de Almeida
Maria Inez Porto Queiroz
Mariana Donner
Mariana Figueiredo Pereira
Marina Lourenção Dias
Marina Lourenço
Mateus Magalhães
Mateus Rodrigues
Mateus Torres Penedo Naves

Matheus Picanço Nunes
Mauro Paz
Mayara Luiz Barbosa
Michel da Costa Fernandes
Mikael Rizzon
Milena Martins Moura
Natália Ribeiro
Natalia Timerman
Natália Zuccala
Natan Schäfer
Nayra da Silva Simões
Otto Leopoldo Winck
Paula Maria
Paulo Scott
Pedro Torreão
Pietro A. G. Portugal
Rafael Carlos Lima Oliveira
Rafael Cesar Mendes Sampaio
Rafael Mussolini Silvestre
Rayssa Katherine Ribeiro Lopes
Regis Mikail Abud Filho
Ricardo Kaate Lima
Ricardo Montagnoli
Rodrigo Barreto de Menezes
Rogério Bettoni
Rogério Felipe Santos Teixeira
Rosemary Carreira
Samara Belchior da Silva

Sergio Mello
Sérgio Porto
Thais Fernanda de Lorena
Thassio Gonçalves Ferreira
Thayná Facó
Tiago Moralles
Tom Custodio
Valdir Marte
Weslley Silva Ferreira
Yvonne Miller

PUBLISHER Leopoldo Cavalcante
EDITOR-CHEFE André Balbo
REVISÃO Veneranda Fresconi
ASSISTÊNCIA EDITORIAL Nelson Nepomuceno
DIREÇÃO DE ARTE Luísa Machado
COMUNICAÇÃO Thayná Facó
COMERCIAL Marcela Roldão
PROJETO GRÁFICO Leopoldo Cavalcante
ILUSTRAÇÃO DA CAPA Krishna guerreando contra os filhos de Vanasura: cena da seção Aniruddha Usha do Krishna Lila. Índia, Pahari, possívelmente Garhwal, aprox. 1840 EC.

© da edição Cachalote, 2024
© do texto Eduardo Valmobida, 2024

Todos os direitos reservados. Nenhuma parte desta obra pode ser reproduzida, arquivada ou transmitida de nenhuma forma ou por nenhum meio sem a permissão expressa e por escrito da Aboio.

Grafia atualizada segundo o Acordo Ortográfico da Língua Portuguesa de 1990, que entrou em vigor no Brasil em 2009.

Dados Internacionais de Catalogação na Publicação (CIP)
Eliane de Freitas Leite — Bibliotecária — CRB-8/8415

Valmobida, Eduardo
  Estratégias para cavalgar a solidão : & outros monstros / Eduardo Valmobida. -- São Paulo : Cachalote, 2024.

  ISBN 978-65-83003-24-9

  1. Poesia brasileira I. Título.

24-224681   CDD-B869.1

Índices para catálogo sistemático:
1. Poesia : Literatura brasileira

[2024]

Todos os direitos desta edição reservados à:
ABOIO EDITORA LTDA
São Paulo — SP
(11) 91580-3133
www.aboio.com.br
instagram.com/aboioeditora/
facebook.com/aboioeditora/

[Primeira edição, setembro de 2024]

Esta obra foi composta em Adobe Garamond Pro.
O miolo está no papel Pólen® Natural 80g/m².
A tiragem desta edição foi de 200 exemplares.
Impressão pelas Gráficas Loyola (SP/SP)

A marca FSC® é a garantia de que a madeira utilizada na fabricação do papel deste livro provém de florestas que foram gerenciadas de maneira ambientalmente correta, socialmente justa e economicamente viável, além de outras fontes de origem controlada.